D1719545

WERKEN MET
MINDFULNESS

BASISOEFENINGEN

Edel Maex

WERKEN MET
MINDFULNESS

BASISOEFENINGEN

lannoo

INHOUD

Mindfulness is halt houden (stoppen) om met milde open aandacht in deze werkelijkheid aanwezig te zijn (kijken) zodat je er met meer vrijheid mee kunt omgaan (handelen).

MEDITATIE

Westerlingen zijn gefascineerd door meditatie. Aziaten vinden soelaas in rituelen en laten het mediteren liever over aan monniken en kluizenaars. Wij voelen ons doorgaans veel minder aangesproken door rituelen, maar we willen wel mediteren.

Het is vooral via deze belangstelling voor meditatie dat het boeddhisme naar het Westen is gekomen. Mindfulnesstraining is in die zin een laagdrempelige en typisch westerse vorm van boeddhisme.

Meditatie is geen eenduidig begrip. In het oude India is meditatie een manier om los te komen van de onrust van de wereld zodat je er niet langer door verstoord wordt. In het oude China daarentegen betekent meditatie je lichaam in harmonie brengen met de kosmos zodat de energie ongehinderd kan stromen. In de christelijke traditie betekent meditatie dan weer het overpeinzen van een religieus thema of een religieuze tekst.

Mindfulness is niets van dit alles. Mindfulness is de basis van de boeddhistische meditatievormen. De Boeddha kon geen vrede nemen met de escapistische meditatiemethoden van zijn tijd. Het ontsnappen aan de werkelijkheid leek hem heilloos. Dat geeft misschien even rust, maar als je in de werkelijkheid wilt leven, moet je er ook weer naar terugkeren.

Wat hij na een lange zoektocht vervolgens ontdekte, noemen we nu mindfulness. Het is een beweging terug naar de werkelijkheid toe. Mindfulness is halt houden (stoppen) om met milde open aandacht in deze werkelijkheid aanwezig te zijn (kijken) zodat je er met meer vrijheid mee kunt omgaan (handelen).

Als we in deze tekst het woord meditatie gebruiken, bedoelen we daarmee dan ook mindfulnesstraining: het oefenen/beoefenen van mindfulness. In ons boek *Mindfulness, in de maalstroom van je leven* (Lannoo, 2006) zijn we daar uitgebreid op ingegaan. Hier gaat het om heel praktische vragen als hoe en waar en wanneer mediteren.

STOPPEN

Stoppen is steeds de eerste stap. Zolang we niet stoppen, worden we mee-gezogen in de maalstroom van het leven. We worden geleefd in plaats van te leven.

Wanneer?

HET EENVOUDIGE ANTWOORD IS: NU.
DE VALKUIL IS: LATER.

Vaak gaat ons leven zo snel dat we denken niet de tijd te hebben. Als we wachten met stoppen tot daar vanzelf tijd voor komt, zullen we er waarschijnlijk nooit tijd voor hebben. In principe leent ieder ogenblik zich ertoe even halt te houden. Op de cd staan twee varianten van een drie-minuten-ademruimte-oefening. Je vindt altijd wel ergens drie minuten. Het kan zelfs korter. Thich Nat Hanh raadt aan om de telefoon steeds drie keer te laten overgaan voor je opneemt. Drie seconden om te onderbreken waar je mee bezig bent, te stoppen en er dan weer helemaal te zijn. Ook drie seconden kunnen een wereld van verschil maken.

Het is iets dat we gemakkelijk vergeten. Reminders kunnen helpen: een belsignaal, een post-it op de koelkast, een kralensnoer... Mogelijkheden te over.

Daarnaast kan het nuttig zijn bewust tijd te reserveren om wat langer te oefenen. Sommigen zullen er de voorkeur aan geven 's avonds voor het slapengaan even te mediteren. Anderen nemen een half uur voor de kinderen opstaan de tijd om even te zitten. Kijk maar wat jou past. Hou het realistisch. Het is beter om af en toe vijf minuten te mediteren dan om je voor te nemen alle dagen een uur te nemen en er vervolgens niet toe te komen.

Het is ideaal als je een groep hebt van mensen die samen willen oefenen. Een groep is enorm steunend. Misschien ga je dan wel mediteren, niet omdat je er zin in hebt, maar omdat het nu toevallig woensdagavond is. Misschien ga je zelfs met tegenzin, maar keer je met een groot gevoel van tevredenheid terug naar huis. Langer oefenen creëert een heilzame intensiteit die op je eentje haast niet op te brengen is.

Waar?

HET BELANGRIJKSTE WOORD IS HIER: VEREENVOUDIGEN.

Desgewenst kun je overal en in iedere situatie mediteren. Je kunt ook mediteren terwijl je de tango danst (een ervaren danser kan je dat bevestigen) of mediteren met een huilend kind op je schoot (wat een vader of moeder jou zal kunnen bevestigen). Maar het is toch gemakkelijker als je de situatie vereenvoudigt en gaat zitten of liggen op een rustige plek waar niet onmiddellijk een beroep op jou gedaan wordt.

Zorg dat het een plek is waar je je dagelijkse activiteit kunt onderbreken zonder dat je meteen weer onder een nieuwe vloed prikkels wordt bedolven. Als je wilt, kun je daar zelfs een aparte plaats voor inrichten. Een apart kamertje, of een hoekje in je huis, waar je kussen of matje uitnodigend klaarligt.

Sommige mensen vinden het prettig om daar een bloem of een boeddhabeeldje bij te hebben. Een boeddhabeeld drukt mindfulness uit, het is geen object van verering. Als je een hekel hebt aan dergelijke toestanden, kies je misschien voor een witte muur om voor te zitten of een raam met uitzicht op de natuur. De zorg die je aan die plek verleent, reflecteert de zorg die inherent is aan mindfulness. Sommige mensen houden daarbij van een gezellige wanorde, andere mensen van soberdere en strakkere lijnen. Als je je er maar thuis voelt.

———

Lichaamshouding

De houding waarin je mediteert, moet in de eerste plaats comfortabel zijn. Het is niet de bedoeling dat het mediteren aanhoudend beheerst wordt door het ongemak van een oncomfortabele houding. Voor een korte informele stop hoef je niet onmiddellijk van lichaamshouding te veranderen, tenzij je natuurlijk ontdekt dat je houding helemaal niet comfortabel was. Als je langer wilt mediteren, is het belangrijk speciale aandacht aan je houding te besteden.

Er wordt gezegd dat we kunnen mediteren in vier houdingen, de vier houdingen van de mens. Het zijn: liggen, zitten, staan en lopen. Ze worden ook wel de vier waardigheden van de mens genoemd. Het is natuurlijk maar een manier om uit te drukken dat je in iedere houding kunt mediteren.

Liggen

Liggen is de houding bij uitstek om te stoppen. Het is de houding waarin je helemaal niets hoeft te doen. Ook als je niets doet, blijf je liggen. De uitgangshouding daarbij is: liggend op je rug, armen naast je lichaam, handpalmen naar boven, benen languit gestrekt, je voeten uit elkaar gevallen als de bladeren van een boek. Als iets daarvan voor jou oncomfortabel voelt, pas je je houding aan. Sommige mensen vinden het heel vreemd om met hun handpalmen naar boven te liggen. Dan draai je ze gewoon terug naar beneden. Voor anderen is het ongemakkelijk om met gestrekte knie-en te liggen. Dan kun je iets onder je knieën leggen. Misschien lig je beter op een zacht bed of in een ligstoel. Misschien verkies je een hoofdkussen. Kijk maar wat bij jouw lichaam past.

Het nadeel van het liggen is dat sommigen er gemakkelijk bij in slaap vallen, iets waar anderen hen dan weer om zullen benijden.

Zitten

Zitten is de houding die we het meest met meditatie associëren. Een Boeddha zie je vaak zittend in meditatie afgebeeld. Zijn houding is comfortabel, open en waardig. Meestal zit hij in lotushouding, met de benen op een vreemde manier in elkaar gestrengeld. Dat lijkt op het eerste gezicht niet echt comfortabel. Waar is dat allemaal goed voor?

Ook deze houdingen zijn niet ontworpen om ons het leven zuur te maken maar voor comfort. Als je een tijdje stil op een stoel zit, zul je merken dat stoelen helemaal niet gemaakt zijn om erop te zitten. Stoelen dienen om te bewegen, van voor naar achter en van links naar rechts, om iets te pakken, te schrijven, te eten, om te praten met je buurman links en je buurvrouw rechts. Maar om echt rustig stil te zitten zijn ze niet geschikt.

Om comfortabel te kunnen stilzitten moet je rug vrij en ontspannen zijn. De bedoeling is dat je kunt zitten zonder enige krachtsinspanning. Als je bekken lichtjes naar voren kantelt en je onderrug hol wordt, dan kan je wervelkolom ontspannen balanceren boven op je bekken en je hoofd boven je wervelkolom. Het is even zoeken. (Het kan jaren duren voor je de perfecte houding vindt.) Als je naar voren hangt, heb je kracht nodig om niet voorover te vallen. Ook jezelf als een militair rechtop houden is uitputtend. Volkomen moeiteloos zitten, daar gaat het om. In de ideale houding zou je zelfs in slaap kunnen vallen en toch rechtop blijven zitten.

Het probleem is: waar blijf je met je benen? Een eerste mogelijkheid is het gebruik van een meditatiebankje. Je zet het over je onderbenen terwijl je geknield zit. Daardoor kantelt je bekken naar voren en kun je ontspannen zitten. Je kunt ook met gekruiste benen zitten. Ook de kleermakerszit is een houding die wel geschikt is om te bewegen en te werken (vandaar de naam), maar niet om lang stil te zitten. Om met gekruiste benen te zitten heb je een stevig kussen nodig. Je zit op de rand van het kussen zodat je bekken kan kantelen en je knieën de grond kunnen raken. Op die manier zit je ook heel stevig. De beperking zit hier in de lenigheid van onze heupen. De gemiddelde westerling is het verleerd om zo te zitten. Ga je vooral niet forceren door aan je knieën te trekken.

Om hetzelfde effect te verkrijgen op een stoel heb je een klein wigvormig kussentje nodig, ook weer om je bekken naar voren te laten kantelen. Van sommige bureaustoelen kan de zitting naar voren kantelen. Een zitbal is in principe ook een mogelijkheid, maar daarbij kan stabiliteit een probleem worden. Het is prima voor je rug, maar je zult algauw beginnen te wiebelen.

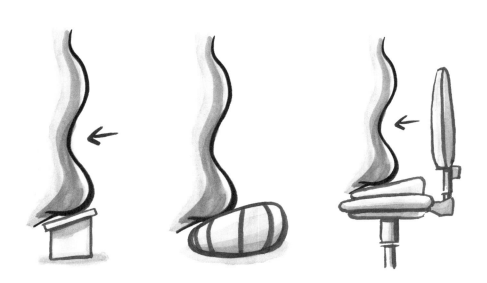

Staan

Staand mediteren is niet anders dan zittend. De houding van de rug is dezelfde: balancerend, soepel en ontspannen. De enige kracht die je nodig hebt, zit in je benen.

Het kan een goede oefening zijn om waar je ook staat regelmatig je houding te checken. Het principe is telkens weer: als je rug in balans is, heb je nauwelijks enige spierkracht nodig om rechtop te blijven. Alle andere houdingen kosten moeite en gaan na een tijd pijn doen.

Lopen

Lopen vertrekt vanuit staan. Je benen doen het werk. Je armen helpen bij het evenwicht. Je rug balanceert soepel en ontspannen. Allemaal zonder veel moeite. Je kunt je bewust zijn van iedere stap die je zet. Telkens als je je voet neerzet, kom je aan waar je moet zijn, hier nu. Je kunt het doen overal waar je loopt. Na een tijdje wordt het tot een tweede natuur.

KIJKEN

Hoe heilzaam en weldoend ook, stoppen is niet het doel op zich van mindfulnessmeditatie. Stoppen is een voorwaarde voor, een opstap naar aandachtig aanwezig zijn bij wat nu hier is. 'Milde open aandacht': daar gaat het in meditatie om.

Aandacht

Waar breng je dan je aandacht bij? De eenvoudigste (en tegelijkertijd de moeilijkste) meditatie-instructie is: ga maar zitten en kijk maar wat er gebeurt. Zonder meer, zonder je aandacht ergens op te richten. Het is de meest complete instructie. Je kunt er de rest van je leven mee verder.

Voor de meeste mensen klinkt deze instructie te vaag en ongericht. Het lijkt zo doelloos. (Dat is het overigens ook.) Deze instructie is nog om een andere reden moeilijk. Onze aandacht heeft de natuurlijke neiging zich ergens op te richten. Daarom zullen de meeste meditatie-instructies juist van deze neiging gebruikmaken en je vragen je aandacht op iets te richten.

Het gaat in mindfulness niet om eenpuntige aandacht. Dat wil zeggen: je aandacht op iets richten betekent niet dat je de rest van de wereld uitsluit. Door één element op de voorgrond te brengen maak je tegelijkertijd voorgrond én achtergrond zichtbaar. Bijvoorbeeld als je bij een bodyscan je aandacht bij je voet brengt, helpt je dat niet alleen je voet beter te voelen. Meteen worden ook tal van andere dingen zichtbaar: misschien je ongeduld of je slaperigheid of... Het hoort er allemaal even wezenlijk bij. Als je erin zou slagen alleen nog maar je voet te voelen en al het andere uit te sluiten, dan zou dat een valkuil zijn.

Enkele veelgebruikte dingen om de aandacht bij te brengen zijn:

• De adem

De adem volgen is de meest gebruikte meditatietechniek. Je voelt hoe je inademt, hoe je uitademt. Je zult merken hoe je aandacht telkens weer afdwaalt naar iets anders. Dat is geen probleem. Op die manier wordt zichtbaar hoe je geest werkt. Telkens weer kom je terug naar je adem.

Aangezien het geen eenpuntige concentratie is, is je adem een ideaal object. Hij is zelf voortdurend in beweging en reageert op alles. Er moet maar iets gebeuren, een onverwacht geluid, of er moet je maar iets te binnen schieten, iets dat je blij maakt of verdrietig, en je adem zal erop reageren. Bovendien heb je je adem altijd bij je. Je kunt hem niet 's ochtends op je nachtkastje laten liggen.

• Het lichaam

In de bodyscan brengen we de aandacht bij het lichaam. Hij maakt je lichaam zichtbaar. Veel mensen ontdekken hierbij hoe weinig ze van hun lichaam voelen. Het moet soms heel ver met ons komen voor ons lichaam aandacht krijgt. Soms voelen we het pas bij pijn of uitputting en begrijpen we niet hoe dat komt. Het lichaam geeft ook prettige signalen. Voor veel mensen is dat een openbaring. Tegelijkertijd maakt deze oefening zichtbaar hoe we gewoonlijk met ons lichaam omgaan.

• Geluiden

Luisteren naar de geluiden van de wereld om je heen is een heel mooie oefening. Ook de geluiden zijn voortdurend in beweging. Je kunt nooit weten wat het volgende geluid zal zijn. Geluiden zijn net als de adem een anker waar je telkens weer naar terug kunt gaan als je geest waar ook maar naartoe is afgedwaald. Wat voor geluiden geldt, geldt evenzeer voor wat je waarneemt met alle andere zintuigen. Je kunt dus ook aandachtig kijken of proeven of ruiken of...

• Gedachten en gevoelens

In de boeddhistische psychologie hebben we zes zintuigen. Het zesde zintuig is helemaal niet wat wij gewoonlijk het zesde zintuig noemen. Het is onze geest, het zintuig waarmee we gedachten en gevoelens kunnen waarnemen. Je kunt weten wat je denkt en voelt. Ook dat is in wezen een proces van waarnemen. Je kunt dus net zo goed gedachten en gevoelens tot object van aandacht maken. Als je in de bodyscan bij je rechtervoet bent en je door gedachten afgeleid wordt, verplaats je zodra je dat merkt je aandacht weer naar je rechtervoet. Omgekeerd: als je je gedachten als object van aandacht op de voorgrond zet en je wordt door je rechtervoet afgeleid, verplaats je zodra je dat merkt je aandacht weer naar je gedachten.

Open Aandacht

Openheid is het meest kenmerkende van mindfulnessmeditatie. Meditatie is dus niet stoppen met denken of stoppen met voelen. Meditatie is open aandacht. Wat je oefening ook is, gedachten en gevoelens horen er gewoon bij op de voorgrond of op de achtergrond.

Vaak hoor je iemand zich afvragen: wat moet ik denken, wat moet ik voelen? In mindfulness is dit soort vragen niet aan de orde. Er is enkel de eerlijke bereidheid om te zien wat nu is. Of het nu past of niet past, aangenaam is of niet aangenaam, mooi of lelijk. Het is een radicale, eerlijke en welgemeende openheid voor wat nu is.

Open aandacht wil zeggen: een aandacht die een middenweg vaart tussen twee klippen. Aan de ene kant is er de klip van het negeren. Niet zien, niet willen zien, aan voorbijlopen, onder de mat proberen te vegen. Aan de andere kant is er de klip om ergens in verstrikt te raken. Erdoor meegesleept, overspoeld worden, jezelf erin verliezen.

Meditatie is een praktijk waarbij je wat zich ook aandient, niet negeert maar steeds weer bereid bent te zien. Tegelijkertijd laat je je niet meeslepen, maar kom je steeds weer terug naar het midden en blijf je aan het stuur zitten.

Veel belangrijker dan het vermogen je aandacht ergens bij te houden, is het vermogen je aandacht te verplaatsen en terug te brengen. Een hedendaags zenleraar vergeleek het proces met een tefalpan. Je kunt er alles mee bakken zonder dat er iets aan blijft plakken.

Deze middenweg is het voornaamste. In de hele maalstroom van het leven geeft het je een vrijheid die je toelaat om boos, verdrietig, wanhopig, verliefd of blij te zijn. En niets daarvan hoef je uit te sluiten, maar je kunt het ten volle doorleven zonder er hopeloos en weerloos in meegesleept te worden.

Milde Open Aandacht

Meditatie ademt mildheid, in en uit. Mildheid is de kwaliteit die meditatie doordrenkt. Mildheid is het begin, het midden en het einde van de praktijk van mindfulness.

Mindfulness begint met mildheid. Mensen beginnen maar te mediteren in de hoop dat het iets aan hun problemen gaat doen, dat het op zijn minst iets van de zorg van het leven gaat verlichten. Dit verlangen om beter te worden is, hoe beperkt ook, op zich al een act van mildheid.

De aandacht waarmee je beweegt tussen de twee klippen van negeren en meegesleept worden, is gekenmerkt door mildheid, door mateloze mildheid. Telkens weer word je afgeleid, telkens weer word je door de golven van je geest tegen een van beide klippen aangeworpen, soms over en weer van de ene naar de andere klip. Telkens weer kom je terug, zonder oordeel, met mildheid.

En telkens weer merk je hoe je jezelf toch veroordeelt. Dus telkens weer heb je mild te zijn voor die onweerstaanbare neiging van je geest om te oordelen en te veroordelen.

Dit is het proces van meditatie. Denk vooral niet dat het een kwestie is van rustig worden. Als we zeggen mateloze mildheid, is dat voor honderd procent letterlijk te nemen. Het is niet van: nu ben ik tien keer mild geweest, nu is het genoeg. Nee, ook de elfde keer en de honderd en eerste keer en de miljoen en eerste keer... Mateloze mildheid.

Mildheid is ook de vrucht van de praktijk. Meditatie verzacht je. Mensen die blijven mediteren, zie je van jaar tot jaar zachter worden, milder, begripsvoller, opener, minder krampachtig, vrijer... Het grootste compliment bestaat erin dat anderen merken dat je veranderd bent.

Opener dan open

Als je een tijdje mediteert, kun je er ook voor kiezen om te oefenen zonder object van aandacht. Dat wil zeggen: je brengt niet iets op de voorgrond. Je aandacht is dan helemaal open, keuzeloos. Je zult merken hoeveel er in de ruimte van je geest beweegt en gebeurt. Je zult merken hoe je geest de onweerstaanbare neiging heeft zich toch ergens op te richten, en zich aan iets vast te klampen als een vlam aan zijn brandstof. Een geluid, een gedachte, een gevoel... Iedere keer als je dat merkt, laat je los, laat je je gaan en kom je terug naar die radicale milde keuzeloze open ruimte.

Dit proces is ooit vergeleken met het schoonmaken van een spiegel. Telkens weer dwarrelt er stof op en telkens weer wordt het met een zachte beweging weggeveegd.

Maar als je dit proces consequent doorvoert, ontstaat er iets heel anders. Zelfs het meest vanzelfsprekende onderscheid zoals dat tussen binnen en buiten of tussen waarnemer en waargenomene, blijkt maar een kwestie van voorgrond en achtergrond, een artefact van de aandacht. Bij nader inzien is er helemaal geen spiegel waar stof op zou kunnen vallen, laat staan iemand om het weg te vegen. Meditatie wordt dan als dwarrelende sneeuw. Iedere sneeuwvlok vindt vrijelijk, moeiteloos en precies zijn eigen weg. Soms is het dwarrelen heftig, soms rustig, maar bij nader inzien is ook het onderscheid tussen rust en onrust niet eens zo relevant. Het vindt allemaal zijn plek in de grote ruimte van wat we, bij gebrek aan beter, onze geest noemen.

———

HANDELEN

met ontblote borst en op blote voeten
komt hij naar de markt
besmeurd met aarde en as
met een brede lach
lak aan wonderen en geheimen
hij raakt een dode boom aan
en kijk, hij komt tot bloei

In de zentraditie is het de gewoonte om bij het betreden van de meditatieruimte, de zendo, een kleine buiging te maken. Het is een begroeting, een eenvoudig teken van respect. Bij het buitengaan daarentegen maken we geen buiging. Niet bij gebrek aan respect maar omdat we niet weggaan. De hele wereld is de zendo.

Alles wat we hier over meditatie verteld hebben, zou volkomen irrelevant zijn als het niet zijn weerslag had op ons dagelijks leven. De milde open aandacht kan zich richten op ieder aspect van het leven. Op ieder levend wezen, op ieder ding, op iedere handeling.

Hiervoor is weinig instructie vereist. Kijk zelf maar wat deze praktijk met jou doet. Kijk zelf maar wat de vanzelfsprekende consequentie van deze milde open aandacht is.

BIJ DE CD

Op de cd staat een aantal basisoefeningen in verschillende lichaamshoudingen. Ze zijn geschikt voor wie zelf met mindfulnesstraining aan de slag wil gaan.

❶ Bodyscan
Een liggende oefening, ideaal om mee te beginnen.

❷ Zitten
Een basisinstructie in zittende meditatie.

❸ Drie minuten ademruimte
Een eenvoudige oefening die je dagelijks meerdere malen kunt doen, tussen de bedrijven door.

❹ Bestaansrecht
Als je al enige ervaringen hebt, een oefening in omgaan met moeilijke momenten en heftige emoties.

WERKEN MET MINDFULNESS
BASISOEFENINGEN

ISBN 978-90-209-7676-2

€ 14,95

WERKEN MET MINDFULNESS
BEELDEN

ISBN 978-90-209-7156-9

€ 14,95

Eerder gepubliceerd als *Aandachtsoefeningen*

WERKEN MET MINDFULNESS
EMOTIES

ISBN 978-90-209-7678-6
€ 14,95

WERKEN MET MINDFULNESS
HOUDINGEN

ISBN 978-90-209-7679-3
€ 14,95

Mindfulness vindt zijn oorsprong in boeddhistische meditatietechnieken. In plaats van voortdurend toe te leven naar doelen die ver in de toekomst liggen, leer je met een milde open aandacht aanwezig zijn bij wat nu is.

Dit veelgeprezen basisboek over mindfulness leert je hoe je de rust en helderheid kunt opzoeken in jezelf. Ook als het leven je deze rust niet gunt, geeft mindfulness je de vrijheid goed om te gaan met de onrust, zonder jezelf erin te verliezen.

ISBN 978-90-209-6516-2

€ 17,95

EEN KLEINE INLEIDING IN HET BOEDDHISME

Het boeddhisme is goed op weg om een van de invloedrijkste levensbeschouwingen in de westerse wereld te worden. De vele verschillende stromingen binnen de boeddhistische traditie maken het echter niet altijd eenvoudig het hart van deze leer te vatten.

Zenbeoefenaar Edel Maex voelde de behoefte aan een bevattelijk en handig basisboekje over het boeddhisme. Zowel lezers die voor het eerst kennismaken met de boeddhistische leer, als beoefenaars van het boeddhisme die meer inzicht willen krijgen in de wortels en basisbegrippen van hun beoefening, vinden in *Een kleine inleiding in het boeddhisme* een handige gids.

ISBN 978-90-209-6306-9

€ 12,95

NOTITIES

www.levenindemaalstroom.be
www.lannoo.com

Derde druk

© Uitgeverij Lannoo nv, Tielt en Edel Maex, 2008
D/2009/45/344 – ISBN 978-90-209-7676-2 – NUR 726

Vormgeving: Citroen*Citroen*
Omslagillustratie: The Wave (Katsushika Hokusai)
Illustraties binnenwerk: Philippe De Caluwé, met uitzondering van p.29 (Tensho Shubun)

Gedrukt en gebonden bij Drukkerij Lannoo nv, Tielt